cette Lettre est très rare.

voyez Peignot, pag. 5). rep. de bibl. Special. n°1.

il n'y en a eu que 60 exemplaires joints à la rélation de

L'île de Borneo: cette Lettre n'a jamais été imprimée dans les

œuvres de fontenelle.

cette réimpression a été faite

par M. le docteur thomassin de Besançon

de ses presses particulieres.

je le tiens de l'Editeur.

LETTRE

DE FONTENELLE

AU MARQUIS DE LA FARE,

SUR LA

RÉSURRECTION.

EN EUROPE.

MDCCCVII.

LETTRE

DE FONTENELLE
AU MARQUIS DE LA FARE,
SUR LA
RÉSURRECTION.

VOUS, qui imaginez toujours mieux que personne, vous doutez aussi avec plus d'esprit que les autres gens. Je suis charmé de votre embarras sur l'espace immense qu'il faudra un jour pour contenir ensemble tous ces hommes, qui n'ayant existé que successivement, depuis la création, n'ont pas laissé d'occuper une grande partie de l'univers. De la taille dont vous êtes, comment ne craindriez vous pas cette pressée?

si chacun y devoit tenir autant de volume que vous, je craindrois à mon tour de n'avoir pas mes coudées franches : en attendant, j'ai cru qu'il seroit bien d'avoir aussi un embarras, et voici le mien.

Lorsqu'il plaira à l'Être suprême de rendre à chaque esprit le corps qu'il aura autrefois animé, comment faudra-t'il qu'il s'y prenne? Nos corps ne sont composés aujourd'hui que des débris de ceux de nos pères. Les mêmes matériaux qui ont servi à former ceux qui ne sont plus, seront un jour employés à la composition de ceux qui ne sont pas encore. Le Seigneur créa une fois pour toujours une certaine quantité de matière, qui n'est ni augmentée ni diminuée, à laquelle il ne sera rien ajouté et sur laquelle le néant n'a plus aucun droit. Cette matière a été divisée en élémens. Ces élémens circulent pour ainsi dire, et vont de la composition d'un cheval à celle d'un homme, et de la composition d'un homme à celle d'un arbre, et ainsi des autres. C'est précisément la jonction des élémens qui fait un corps. La manière dont ils sont joints, fait la différence d'un corps à un autre, et les proportions ou l'équilibre plus ou moins observé dans chaque composition, décident uniquement de sa durée.

Les élémens, quoiqu'ils soient faits pour concourir ensemble, en tout et pour tout, vont pourtant toujours à s'entredétruire. Celui d'entr'eux qui domine dans un corps, sème bien-tot la division parmi les autres, et les force ensemble à une séparation, dont il n'y a que ce qui s'appele la forme qui soit la victime; c'est à dire, les élémens sont bien-tôt déterminés à se rejoindre, quoique differemment à ce qu'ils étoient. Comme ils s'entredétruisent, ils s'entredéterminent aussi; et voila toute l'œconomie des destructions et productions, qui se font à chaque instant et que le vulgaire ignorant prend pour anéantissement ou création.

Or, comment fera le Seigneur pour rendre contemporains tant d'hommes, qui n'ont chacun un corps, que parcequ'ils semblent avoir pris leur tems et leurs mesures, pour se le céder les uns aux autres? Certainement il n'en crée- ra pas de nouveaux. Cela établi, je ne sais qu'un expédient, Mon- sieur, qui puisse nous tirer d'em- barras, vous et moi. Si nous réssu- scitons, il est certain que nos corps ne seront plus sujets aux nécessités de cette vie, et ne se ressentiront plus de l'intemperie des climats et des saisons. Insen- sibles donc au froid et au chaud, nous n'aurons plus besoin ni des eaux pour nous rafraîchir et hu- mecter, ni du soleil pour nous ré- chauffer et purifier; exempts que nous serons de la nécessité de manger, la terre, cette mère libé- rale et commune, va nous deve- nir inutile; les collines, retraites de la plûpart des animaux faits

pour l'usage de l'homme mortel,
les montagnes, ces dépositaires
avares des trésors que la cupidité
nous rend nécessaires, tout cela
va aussi être de trop parmi des
mortels désinteressés. Les Cieux
et leurs luminaires n'auront plus
d'heures à nous marquer, et nous
n'aurons que faire de leur lumière
inégale dans un tems où l'auteur
du jour daignera lui-même nous
éclairer; en sorte que, vu l'inuti-
lité de toutes ces choses et autres
contenues en l'éspace, il faudra
qu'elles cessent d'être ce qu'elles
sont. L'ordre et l'harmonie de
l'univers seront renversés et
confondus ; tout généralement
redeviendra un tas de matière,
une masse informe, un cahos et
une confusion, ainsi que tout

étoit le jour de la création. Ne croyez vous pas, Monsieur, que le Créateur trouvera dans tous ces matériaux de quoi faire autant d'hommes qu'il lui en faudra? et l'espace dont vous étiez en peine, s'y trouvera aussi de reste, puisqu'à l'heure même, il n'y aura dans le monde que ce qui y est contenu à l'heure que nous parlons. Le nombre des hommes y sera infiniment plus grand, à la vérité, mais aussi plus de forêts, plus de bâtiments, plus de montagnes, plus de rochers ; et comme toute la matière ne composera plus que des hommes, l'espace n'aura plus aussi que des hommes à contenir. Et si, malgré toutes ces sages précautions, la matière venoit a

manquer, l'habile ouvrier en seroit quitte pour faire les corps
plus à l'épargne que le vôtre. En
cas de besoin vous avez de quoi
fournir à quatre ; à vous parler
même confidemment, je ne deses-
pere pas de vous voir la taille
aussi fine que celle que vous
aviez autrefois. Le marquis de
Roquelaure aura un nez, et Mon-
seigneur le duc d'Étrées n'enaura
qu'un ; et si les esprits d'un certain
ordre sont alors aussi rares qu'ils
le sont de nos jours, et qu'il en
faille pour tous, je vous en con-
nois pour vos voisins ; cela soit
dit sans vous allarmer. Je ne sais
encore si les dames conserveront
leur sexe dans ce bouleversement
universel, ou s'il n'y aura que
celles qui auront bien vécu, à qui

on accordera la forme d'un homme. Je m'informerai de leur sort
au premier long entretien que
j'aurai avec mon génie; mais si ce
qu'il m'en apprendra n'est pas à
leur avantage, ne vous attendez
pas, Monsieur, qu'il m'arrive jamais de vous en faire part.

J'ai l'honneur, &c.

FONTENELLE.

LETTRE ADDITIONNELLE
sur le même sujet.

Vous me demandez mon opinion sur le système de Fontenelle relatif à la résurrection ; je vous dirai franchement, monsieur, que je ne suis pas moins embarassé que lui pour savoir où l'on trouvera assez de matière supplémentaire, propre à rétablir nos corps dans leur intégrité, au grand jour du jugement. Mais je ne suis pas trop de l'avis de notre savant; il me semble qu'il taille un peu trop en plein drap, lorsqu'il prend lestement les *collines*, les *montagnes*, les *cieux* et leurs *luminaires*, pour opérer ce grand-œuvre. Ce sont des êtres inanimés, bons tout au plus à renouveller des cruches, s'il pouvoit y

avoir une résurrection de cruches; mais pour des hommes, et
des hommes faits à l'image de dieu
Fontenelle me parait en agir un
peu trop matériellement. N'avait
il pas une assez belle et bonne
ressource dans les animaux de
toute espèce qui partagent avec
nous la surface du globe? Il y a
beaucoup d'animaux qui valent
bien l'homme, et beaucoup
d'hommes qui valent moins que
certains animaux. Un vieux pré-
curseur de Lavater, je crois que
c'est J. B. Porta, a trouvé des
rapports entre la figure de plu-
sieurs hommes et celle de quelques bêtes, et il en conclut très
élégament que cette conformi-
té va de la figure au caractère.
D'après cette analogie, n'allons

donc pas chercher si loin de nous
ce qui est si près; et croyons que
les animaux vaudront bien les
collines et les *arbres*, et même
leur seront préférables, pour ra-
petasser le genre humain, qui sera
un peu usé. Par là nous éparg-
nons au créateur une grande
besogne, qui me parait aussi diffi-
cile qu'inconcevable.

Je vous demande, monsieur,
s'il ne sera pas bien plus facile,
pour suppléer à ce qui pourrait
manquer au corps d'un Alex-
andre, d'un Thamas-Koulikan,
de prendre quelques parcelles
de tigre ou de léopard, plutôt
que d'aller prendre un morceau
des Apalaches ou un quartier
de la lune; cela est plus naturel.
Toutes les espéces de reptiles lui

serviront, si de certains auteurs,
surtout les poëtes, se trouvent
incomplets. La race des singes,
des serpens, des caméléons, des
loups cerviers, sera merveilleuse-
ment employée pour refaire de
nouvelles langues, de nouveaux
cœurs, de nouvelles mains à messieurs les folliculaires qui auront
le bonheur d'en être privés pen-
dant tant de siécles. Un Vitruve,
un Vignole, un Palladio, auront
recours au Castor.

Nous avons dans ce pays-ci
un infinité de ruisseaux très-fé-
conds en sangsues ; quelle ressource pour completter les corps
de tant de directeurs, receveurs,
contrôleurs et autres bravesgens
en *eurs* ! A l'aide de ces petits
animaux avides, insensibles et

noirs, ces messieurs arriveront bien entiers dans la vallée de Josaphat. Il est vrai qu'avec des sangsues on ne pourra guère leur refaire un viscère essentiel placé au milieu de la poitrine et qui leur manque ordinairement ; eh-bien, on empruntera des montagnes de Fontenelle un peu de cristal de roche, et on en fabriquera un cœur à ces aimables philantropes ; alors ils seront au grand complet.

Il est une espèce d'insectes dévorans, qui pululent, dit-on, sans copulation, et qui se fourent partout, jusques dans les bosquets de Cithère. Oh! l'exellente trouvaille, pour fabriquer à neuf les corps de ces eunuques vigoureux et parasites qui, sans pères et sans

enfans de leur espéce , multi-
plient à l'infini, et fourmillent en
Italie, en Espagne et ailleurs. Le
baron de Born les appelle *terræ
pondus inutile, fruges consumere
nati.*

Dites moi, monsieur, si la pous-
sière de tous les coucous défunts
depuis le commencement du
monde, sera suffisante pour rem-
plir les lacunes qui pourront se
trouver au front d'une classe
nombreuse de la société. En cas
d'insuffisance, celle des taupes y
suppléera. Les chats, les fouines,
les belettes, les renards, les boucs,
tout cela s'ennoblira en s'identi-
fiant par une certaine attraction
analogique, avec les corps qui
leur conviennent, c'est à-dire,
avec les corps des dévotes, des

marchands, des politiques, des
Pa............

Quant aux femmes, si elles res-
suscitent un jour, ce qui est pro-
bable, c'est parmi les oiseaux
qu'elles doivent chercher des
complémens. Cette partie de la
zoologie regarde les animaux les
plus légers, les plus babillards, les
plus inconstans, surtout si vous
y ajoutez quelques insectes, tels
que le papillon, la demoiselle, le
cousin, la guêpe, &c. Mais comme la belle moitié du genre humain est très considérable, je
doute que nous ayons assez de
pies, assez de paons et assez de
moineaux, pour leur rendre tout
ce qui leur manquera. Au reste
si nous avons quelque *deficit* de
ce coté, et qu'il n'y ait plus chez

les femmes qu'une petite lacune centrale à réparer. Fontenelle nous prêtra bien éncore un peu de la lave brûlante tirée du cratère des hautes montagnes ignivomes qu'il met à la disposition du toutpuissant; avec cette lave il sera facile de jeter en moule un petit diminutif de montagne, pour les femmes qui en manqueront.

Enfin, monsieur, j'espère qu'avec mon systême qui, sans vanité vaut celui de Fontenelle, tout ira aussi bien que dans le monde du docteur Pangloss. Je me félicite d'avoir fourni cette idée au grand chambellan qui sera chargé de nous introduire dans la grande vallée. Je serai charmé de m'y trouver à coté de vous; et si, par hazard, il nous manque quelque chose, j'ai un joli danois dont l'attachement et la fidelité sont à l'épreuve. Je vous offre lamoitié de sa dépouille, je crois qu'elle vous convient à merveille ; j'en réserve l'autre moitié pour moi, j'en suis digne, si j'en juge par les sentimens inaltérables que vous inspirez à votre ami.

GIOVANO *PLÉSANTINO*, noble milanais, membre de l'Académie des *Indomiti.*